Jörg Willems – Videomarketing für Einsteiger

AF237432

Jörg Willems

VIDEO
MARKETING FÜR ANFÄNGER

Dieser Report erklärt Ihnen Schritt für Schritt alles
was Sie für ein Professionellen Einstieg benötigen

VIDEO
MARKETING FÜR ANFÄNGER

Bibliografische Information der Deutschen Nationalbibliothek:
Die Deutsche Nationalbibliothek verzeichnet diese Publikation in der Deutschen Nationalbibliografie; detaillierte bibliografische Daten sind im Internet über http://dnb.dnb.de abrufbar.

© 2020 Jörg Willems, Kleve

Herstellung und Verlag: BoD – Books on Demand, Norderstedt

ISBN (13): 9783751954297

Inhaltsverzeichnis

I

Lizenzbestimmungen

SPRACHREGELUNG:

Zur Vereinfachung beim Schreiben und Lesen wird immer die männliche Form verwendet: der Leser, der Gründer usw. Dieser Artikel dient als allgemeiner Gattungsbegriff und schließt weibliche Personen automatisch mit ein.

Sofern wir auf externe Webseiten fremder Dritter verlinken, machen wir uns deren Inhalte nicht zu eigen, und haften somit auch nicht für die sich naturgemäß im Internet ständig ändernden Inhalte von Webseiten fremder Anbieter. Das gilt insbesondere auch für Links auf Softwareprogramme, deren Virenfreiheit wir trotz Überprüfung durch uns vor Aufnahme aufgrund von Updates etc. nicht garantieren können.

Autor und Verlag sind nicht haftbar für Verluste, die durch den Gebrauch dieser Informationen entstehen sollten.

Die in diesem Werk erwähnten Anbieter und Quellen wurden zum Zeitpunkt der Niederschrift als zuverlässig eingestuft. Autor und Verlegen sind für deren Aktivitäten nicht verantwortlich.

Dieses Handbuch versteht sich als Basisinformationsquelle. Daraus resultierende Einkommen und Gewinne sind allein von Motivation, Ehrgeiz und Fähigkeiten des jeweiligen Lesers abhängig.

Sämtliche Markennamen, Logos usw. sind Eigentum ihrer jeweiligen Besitzer, die diese Publikation nicht veranlasst oder unterstützt haben.

Über das Internet erhältliche Texte und Bilder, die in dieser Publikation verwendet werden, können geistiges Eigentum darstellen und dürfen nicht kopiert werden.

Einleitung

Videomarketing gehört heutzutage zu den populärsten Methoden ein Produkt oder eine Dienstleistung im Internet zu bewerben.

Nahezu jeder Internet Nutzer schaut sich Online Videos an. Aufgrund dieser großen Popularität, listen Suchmaschinen wie Google Videos auch in den Suchergebnissen.

Online-Video-Marketing: Drei Regeln für die Erstellung von Online ...
27. Nov. 2009 ... Spätestens seit dem Erscheinen schneller DSL-Verbindungen und Youtube & Co. sind Internet-Videos populär. Aufgrund der relativ geringen ...
www.business-wissen.de/marketing/online-video-marketing-drei-regeln-fuer- die-erstellung-von-online-videos/ - Im Cache - Ähnliche Seiten

Videos zu online marketing video - Videos melden

 iComms | Online-Marketing - Videoproduktion ...
2 Min. - 19. Mai 2010
Hochgeladen von iCommsShowroom
youtube.com

 Viral Marketing: 7 Tips For Running An Online ...
9 Min. - 6. Okt. 2009
Hochgeladen von mcintoshmarketing
youtube.com

Online Marketing Videos
Online Marketing Videos - hier erhalten Sie eine interessante Sammlung hochwertiger

Abb. 001: Häufig werden Youtube-Videos in den Suchergebnissen von Google gelistet

Studien zufolge, schauen bereits über 20% aller Internet Nutzer sich täglich Online Videos an. Diese Zahl steigt auch aufgrund der weit verbreiteten Nutzung sozialer Netzwerke wie Facebook oder Myspace, stetig an. In den meisten sozialen Netzwerken werden Tools zur Verfügung gestellt, mit denen man Online Videos einbinden kann.

Die Nutzung der Computer und des Internets verdrängt immer mehr das klassische Fernsehen. Der Empfang von Fernsehsendungen ist schon lange auf einem Computer möglich. Fast jede Fernsehsendung kann auf den Webseiten der Fernsehsender online angesehen werden.
Studien zufolge empfiehlt über die Hälfte der Leute welche sich im Internet ein Video angesehen haben, diese per eMail oder soziale Netzwerke weiter.

So können sich Online Videos ungebremst verbreiteten. Dies nennt man einen „**Viralen Effekt**" auf den wir später näher eingehen.

In fortgeschrittenem Internet werden Webseiten mit normalen Texten und Bildern immer mehr durch Audio und Video ersetzt, oder zumindest um diese erweitert. Es ist ein sehr mächtiges Medium für jeden Vermarkter der seine Angebote zum massiven Erfolg führen möchte.

Die Vorteile des Video-Marketings

Einige der großen Vorteile, Video-Marketing zu nutzen:

- Ein Produkt oder Service kann viel interessanter und unterhaltsamer präsentiert werden. Videos haben häufig einfach mehr Überzeugungskraft.

- Videos werden häufiger aufgerufen und bekommen viel mehr Resonanz als Online Artikel oder Blogs. Internetnutzer sind eher bereit, einem Zwei-Minuten-Video zuzuschauen als einen langen Text auf einer Webseite oder einem Blog zu lesen.

- In einem Video kann ein Angebot leichter und verständlicher erklärt oder beschrieben werden, als es ein Text vermag. Das Video hat den Vorteil, dass man Sachen wie z.B. Abläufe zeigen kann. Und dies ist häufig leichter als etwas umfangreich zu beschreiben. Ein Video wird in der Regel einfach besser verstanden als ein üblicher Text.

- Suchmaschinen mögen keine identischen Text Inhalte welche auf unterschiedlichen Webseiten verteilt werden. So sieht sich jeder Webseitenbetreiber gezwungen eigene Texte zu verfassen oder vorhandene umzuschreiben, damit er von den Suchmaschinen wegen „Duplicate Content" nicht abgestraft wird. Bei Videos gelten diese „Gesetze" nicht. Deshalb werden interessante Videos bereitwillig in die eigene Webseite eingebunden.

- Neue Webseiten-Inhalte zu veröffentlichen ist häufig leichter mit Videos, als sich gute interessante Texte auszudenken. Webseiten Besucher besuchen eine Seite in der Regel häufiger, wenn es regelmäßig neue Videos gibt.

- Online-Videos können durch kreative Illustrationen und Vertonung viel größere Überzeugungskraft haben und können so auch den Internetuser in regelrechte Kaufstimmung versetzen.

- Videos erreichen hohe Positionen auf den Ergebnisseiten der Suchmaschinen. Für die meisten Suchbegriffe werden auch Videos aus Portalen wie YouTube angezeigt (Siehe Abb. 001).

- Ein Video kann heutzutage völlig kostenlos oder zu einem relativ geringen Preis erstellt werden. Sicher gibt es auch teure und aufwendige Videoproduktionen. Ich gehe jedoch davon aus, dass die meisten Leser diese Reports eine zu teure Lösung nicht in Betracht ziehen, aber diese etwas kostspieligeren Lösungen werden später auch kurz vorgestellt.

- Videoportale wie YouTube erlauben den Nutzern durch Buttons (z.B. „Gefällt mir") diese durch Facebook oder Twitter zu verbreiten. Die Nutzer der Sozialen Netzwerke geben diese wiederum weiter, was man dann einen **viralen Effekt** nennt. So schaffen es manche Videos, sofern sie unterhaltsam, informativ oder lustig sind, tausend- oder auch hunderttausendfach angesehen zu werden.

- Dennoch nutzt noch längst nicht jeder das Videomarketing. Somit hält sich die Konkurrenz immer noch im Rahmen. So kann man auch in hart umkämpften Bereichen, Online oder Offline, zahlreiche Kunden ohne große Kosten und Aufwand erreichen.

- Videoportale wie YouTube haben mittlerweile eine riesige Community. Das sieht man vor allem bei Videos bei denen hunderte oder tausende Kommentare und „Video-Antworten" hinterlassen wurden. So können auch fruchtbare Partnerschaften unter den „Video-Produzenten" entstehen. So etwas werden Sie sicher nicht auf einem News- oder Artikel-Portal finden.

- Studien belegen, dass durch Videomarketing massiver Besucher- strom auf die eigene Webseite erzeugt werden kann, was auch höhere Umsätze und Anmelderaten für Newsletter bewirkt. Dies bestätigen erfolgreiche Internet-Vermarkter immer wieder.

Mit einem Video können Sie sich und Ihr Unternehmen ganz anders prä- sentieren, als es mit einem Text möglich ist. Denn durch einen Text kann Ihre Persönlichkeit höchstens nur wage eingeschätzt werden. Durch Musik und Grafiken im Video können Sie etwas Spannendes, Aufregendes oder Lustiges erzeugen, was bei Interessenten Begeisterung auslösen kann. Das bewirkt häufig eine viel höhere Kaufbereitschaft, was immer Sie auch verkaufen.

Was macht ein wirklich gutes Video aus?

So ziemlich jeder Internetnutzer liebt Videos. Das gilt jedoch nicht für öde oder langweilige Videos. Hier wird noch schneller weggeklickt als es vielleicht bei uninteressanten Texten der Fall ist.

Das bedeutet aber nicht, dass Sie ein Oscarwürdiges Meisterwerk produzieren müssen.

Videos sollten jedoch einige Features enthalten, welche beliebt sind, einen Viral-Effekt haben und Besucher zu Kunden machen können.

- Überlegen Sie zunächst, was Ihre Zielgruppe sein könnte. Wen könnte Ihr Angebot interessieren? Jüngere oder ältere Menschen? Singles oder verheiratete Frauen mit Kindern? Ihr Publikum muss sich angesprochen fühlen.

- Gute Videos müssen auf ihre Art interessant sein. Vermeiden sollten Sie auch häufige und lange Pausen oder „ääähs" während des Sprechens. Langweilig wirkt auch ein Hintergrund mit einer Farbe. Ein Video sollte immer optisch und akustisch etwas „aufgepeppt" werden. Das kann man z.B. mit lustigen Bildern oder einer stimmungsvollen Hintergrundmusik erreichen.

- Gute Videos bieten häufig einen Mehrwert an. Das können einige gute Tipps, Anleitungen oder Informationen sein. Nur einfache Botschaften wie „Kaufen Sie!" oder „Besuchen Sie meine Webseite" werden kaum dazu beitragen, die Besucher auf Ihre Seite zu leiten oder höhere Umsätze zu erzielen. Solche Videos werden auch von niemandem weiterempfohlen werden und somit würde der viral-Effekt gänzlich ausbleiben.

- Erfolgreiche Videos geben einige kleine Häppchen von dem was die Zuschauer sich wünschen und machen Lust auf mehr. Dieses „Mehr" kann der Besuch der Homepage sein oder das Produkt oder der Service welchen Sie zum Kauf anbieten. Wenn die Zuschauer sich gut unterhalten oder informiert fühlen, werden sie den Besuch Ihrer Homepage als den nächsten vernünftigen Schritt empfinden.

- Je kreativer und professioneller das Video gestaltet ist, umso mehr Vertrauen werden Leute Ihnen und Ihrem Produkt entgegenbringen. Damit können Sie Ihr Ansehen steigern und Leute eher geneigt sein Ihre Produkte oder Dienstleistungen zu erwerben.

Wie wird ein Video erstellt?

Vielleicht haben Sie bisher gedacht „klingt interessant, aber wie macht überhaupt so ein Video?" - Nun, es ist sicher nicht so schwierig, wie Sie vielleicht denken.

Sie müssen hier auch keinen Streifen in Hollywood-Qualität produzieren. Die meisten populären und erfolgreichen Videos sind häufig mit einfachen Mitteln erstellt worden. Das sind oft billige Handkameras oder einfach nur eine Webcam. Als Software werden häufig simple, leicht zu erlernende Programme wie Powerpoint oder Paint eingesetzt.

Damit können interessante Videos erstellt werden! Und es ist wirklich nicht schwierig oder kompliziert. Ich stelle Ihnen auf den nachfolgenden Seiten verschiedene Methoden, ein Video zu produzieren, vor.

Windows Movie Maker

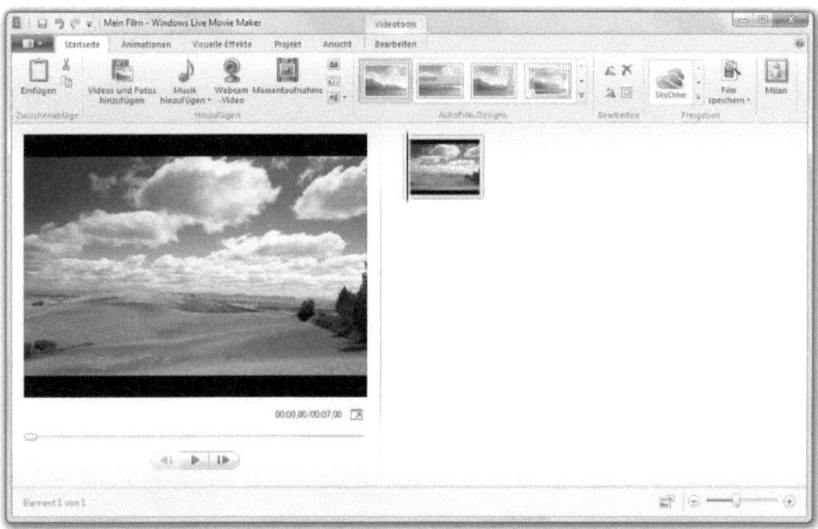

Abb.002 Windows Movie Maker unter Windows 7

Der Windows Movie Maker ist ein sehr einfach zu bedienendes Programm. Es ist sehr benutzerfreundlich und kann in kürzester Zeit erlernt werden. Das Programm ist standardmäßig in Windows-Systemen installiert oder kann gratis von der Microsoft Homepage heruntergeladen werden.

Mac Benutzer können auf das kostenlose Programm iMovie zurückgreifen.

Wenn Sie nicht mehr beabsichtigen, als ein informatives Video zu erstellen und Sie kein Geld ausgeben können oder möchten, sind der **Windows Movie Maker** und das kostenlose Microsoft Grafik-Programm **Paint** völlig ausreichend. Paint ist ebenfalls in jedem Windows System installiert.

Paint

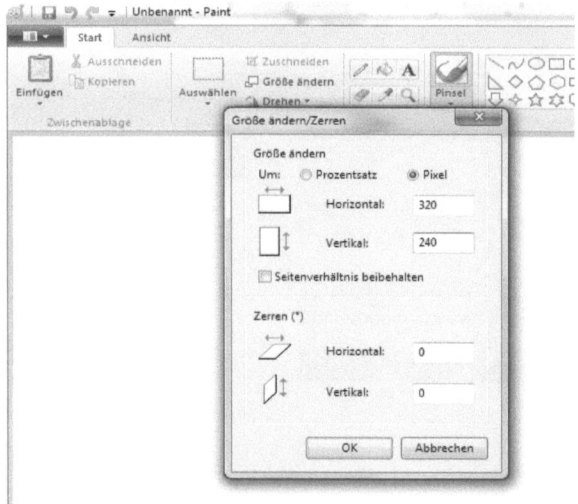

Abb.003 Microsoft Paint

Die Bildgröße in Paint sollte identisch mit der des Videos im MovieMaker sein. Die Maße für ein Video sollten mindestens 320x240 betragen, besser ist das doppelte. Dann ist es noch im Vollbildmodus noch einigermaßen scharf und lesbar. Noch höhere Maße können bieten noch bessere Bildqualität, können aber auch die Ladezeit verlängern.

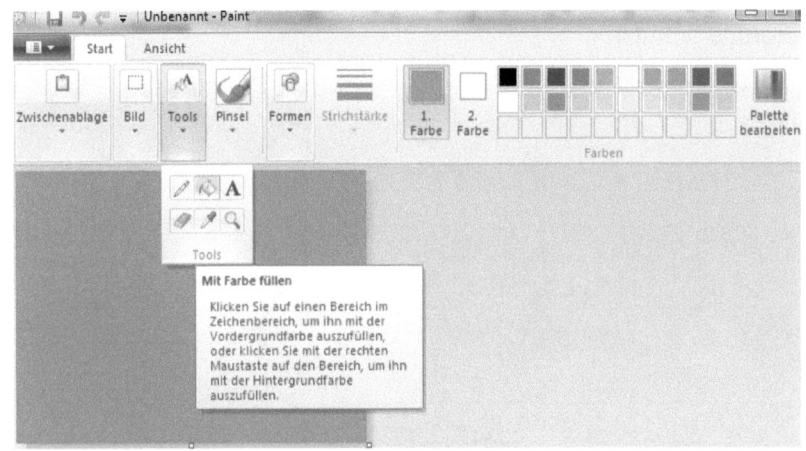

Abb.004 Microsoft Paint Hintergrundfarbe einstellen

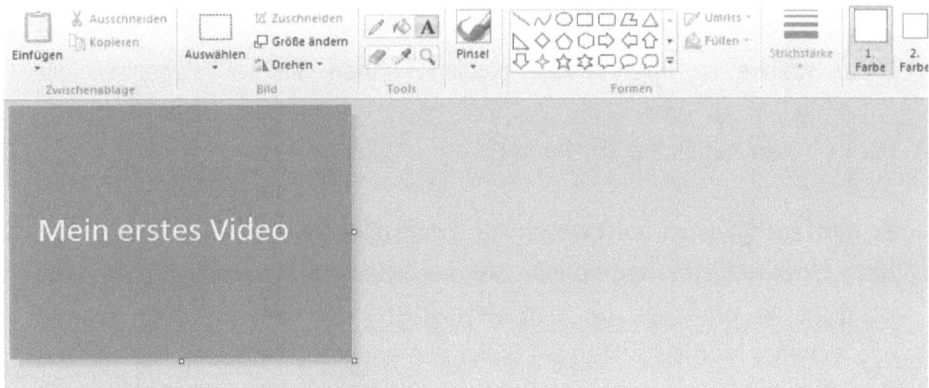

Abb.005 Microsoft Paint Texterstellung

Einen Text auf eine Hintergrundfarbe zu setzen, ist die einfachste Option. Etwas anspruchsvoller kann man es gestalten, wenn man eine Grafik als Hintergrund benutzt.

Abb.006 Microsoft Paint Hintergrundgrafik

Bilder welche zu Ihrer Nische passen können Sie bei Webseiten wie www.fotolia.com oder www.istockphotos.com erwerben. Diese kosten in der kleinsten Auflösung ab einem Euro pro Bild.

Es gibt auch kostenlose Quellen für Lizenzbilder wie z.B. www.pixelio.de Nach einer Registrierung können Sie die Bilder gratis nutzen. Die Auswahl ist nicht so groß wie bei den Bezahldiensten, aber für viele Zwecke ausreichend. Niemals sollten Sie Bilder von anderen Webseiten wie z.B. aus der Google Suche verwenden. Diese sind meistens urheberrechtlich geschützt und das kann sehr teure Abmahnungen nach sich ziehen.

Mit etwas Musik sind die Videos noch attraktiver. Aber Vorsicht! Hier dürfen Sie nicht jede Musik aus Ihrer Sammlung verwenden. Erstes Gebot ist, dass die Musik Gema-frei ist. Hier sollten Sie in einer Suchmaschine nach „Lizenzfreie Musik" suchen.

Die deutschsprachigen Anbieter wie www.gemafreie-welten.de sind aber auch nicht ganz günstig. Eine „Basic Lizenz" für ein Musikstück welches man auf einer kommerziellen Webseite verwenden darf, kostet um die 60 Euro.

Im englischsprachigen Bereich gibt es mehr Angebote, welche oft auch viel günstiger sind. Hier sollten Sie nach „royalty free music" suchen.

Viele sehr günstige Musikclips können auf der Plattform www.tradebit.de

erworben werden.

Abb.007: Günstige Musikclips auf www.tradebit.de

Die in Paint erzeugten Bilder und eventuelle Musikclips müssen einfach nur in den Windows Movie Maker importieren.

Microsoft PowerPoint

Für Präsentationen mit viel Text wird meistens das Programm Microsoft PowerPoint verwendet. Die Bedienung ist sehr einfach, denn im Programm sind schon zahlreiche Design-Vorlagen enthalten. Jede einzelne Seite kann als Grafik gespeichert werden, sodass Sie diese auch im Windows-Movie-Maker verarbeiten können.

PowerPoint ist Bestandteil des Microsoft Office-Paketes und kostet in der Home und Business Version ab 150 Euro.

Man kann es auch als einzelnes Programm für etwa 100€ erwerben.

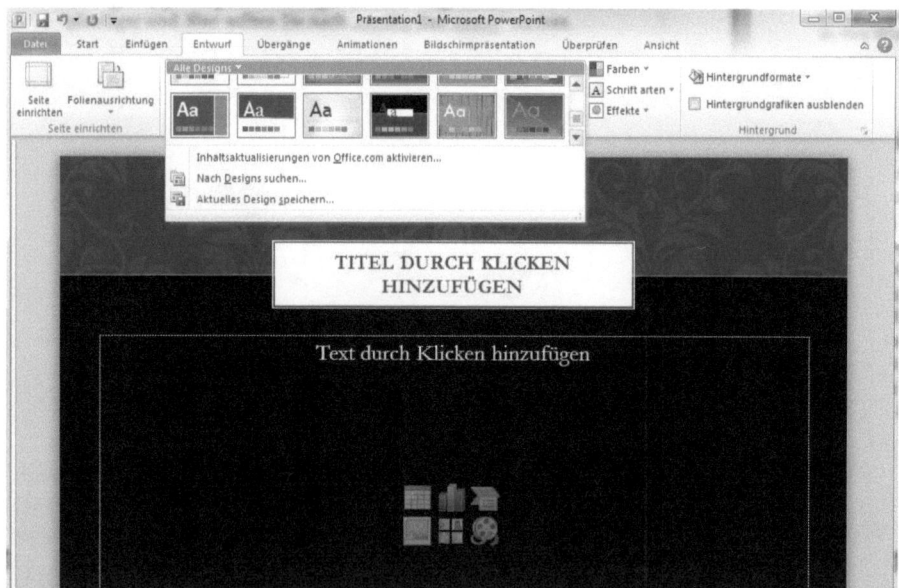

Abb.008 Microsoft PowerPoint

OpenOffice Impress

Eine kostenlose Alternative zu PowerPoint ist das Programm Impress aus dem OpenOffice Paket. Es hat zwar nicht den umfangreichen Funktions-umfang wie PowerPoint, aber für den Anfänger bestens geeignet.

Abb. 009 Impress / OpenOffice

Auch hier gibt es einen Assistenten mit zahlreichen Seitenvorlagen.

Camtasia Studio

Wenn Sie richtige Videoanleitungen produzieren möchten wie z.B. die Bedienung von Softwareprogrammen oder Internetanwendungen, dann ist Camtasia Studio die erste Wahl, aber leider nicht ganz billig. Das Programm kostet knapp 300 Euro. Es kann jedoch kostenlos 30 Tage getestet werden.

Mit Camtasia Studio können Sie die Tätigkeit auf Ihrem Computer als Video aufzeichnen. Gleichzeitig können Sie über ein Mikrophon Ihre Stimme aufzeichnen und über eine Webcam sich selbst filmen. Während der Zuschauer Ihnen bei der Computerarbeit zusieht kann er Sie hören und als kleinen Ausschnitt in der Ecke Ihr Gesicht sehen. Die Webcam-Funktion ist optional und meiner Ansicht nach auch nicht zwingend erforderlich. Die Stimmaufzeichnung erachte ich als viel wichtiger.

Solche, mit Camtasia Studio erstellten Anleitungen sind sehr beliebt. Man findet diese zahlreich auf Youtube und anderen Videoportalen. Die Software wird auch häufig für Videoanleitungen verwendet, welche kostenpflichtig erworben werden können.

Camtasia Studio wird häufig mit PowerPoint verwendet. Es ist die professionelle Variante als die zuvor behandelte Paint/Movie-Maker Methode.

Zu Camtasia Studio gibt es auch kostenlose Alternativen.

Camstudio

Camstudio ist eine englische Open Source Software welche nicht den Funktionsumfang von Camtasia Studio besitzt, für die meisten Zwecke jedoch ausreichend ist. Das Programm ist völlig kostenlos!

Abb.010: Camstudio

Camstudio enthält keine Funktion zur nachträglichen Bearbeitung oder Einfügen von Hintergrundmusik. Für diese Funktionen kann auch der kostenlose Windows-Movie-Maker verwendet werden.

Jing

Jing ist ein Programm aus dem Hause Techmith, welches auch das Programm Camtasia Studio anbietet. Jing gibt es als kostenlose und kostenpflichtige Version „Jing Pro" welche 14,95$ im Jahr kostet. Die kostenlose Version hat ein Limit von 5 Minuten Länge pro Video und hiermit kann keine Webcam verwendet werden.

Das Programm ist für Windows und Mac erhältlich

Abb.011: Nach dem Start von Jing erscheinen diese Symbole oben rechts am Bildschirm.

Durch den Klick auf den ersten Button (+ Zeichen) können Sie einen Bildschirmausschnitt durch das Ziehen mit der Maus als Bild kopieren oder abfilmen.

Capture Video

Abb.012: Mit *Capture Video* können Sie den gewählten Bildschirmausschnitt aufnehmen

Videos mit einer Webcam

Wenn Sie nicht kamerascheu sind, sollten Sie sich selbst im Video zeigen. So geben Sie Ihrem Angebot eine persönliche Note. Damit können Sie das Vertrauen Ihrer Interessenten erheblich steigern. Viele erfolgreiche Internet-Vermarkter werden von ihren Kunden als eine Art Freund angesehen. Wer unsichtbar ist, wird dies in der Regel nicht schaffen.

Falls Sie sich jedoch nicht wohl dabei fühlen oder sich als nicht sehr „telegen" ansehen, können Sie im Video auch einfach ein Foto von sich einbinden.

Die meisten neueren Laptops werden mit einer Webcam ausgeliefert. Diese haben nicht immer eine zufriedenstellende Qualität. Wenn das Bild ruckelt und es ist nicht flüssig und auch noch in schlechter Auflösung angezeigt wird, dann sollten Sie besser etwas mehr Geld in eine bessere Webcam investieren. Eine einigermaßen gute Qualität bekommen Sie schon ab etwa 40 Euro.

Professionelle Videoproduktion: Kameras und Video-Bearbeitungssoftware

Mit einer Webcam sind die Möglichkeiten ein Video zu produzieren, sehr beschränkt. Damit können Sie kaum mehr anstellen, als sich selbst im Raum aufzunehmen. Für mehr, wie z.B. Außenaufnahmen ist schon eine richtige Videokamera oder ein sogenannter Camcorder erforderlich.

Einige Internet-Vermarkter drehen damit richtige Filme mit Interviews und Dokumentationen. Eine gewisse „Action" kann das Interesse der Zuschauer am Produkt erheblich steigern.

Abb.013 Digitalkamera

Mit einem Camcorder können Sie immer eine höhere Videoqualität und Auflösung erzeugen als mit einer Webcam. Eine digitale Videokamera erzeugt filme in einer Auflösung von mindestens 720x480 Pixeln mit30 Bildern pro Sekunde, während Webcams meistens eine Auflösung von 320x240 Pixeln mit 15 Bildern pro Sekunde haben.

Da dieses Buch eher eine Einführung in das Videomarketing ist, wird hier nicht die Kunst des Filmens und professioneller Videoschnitt im Detail behandelt. Hierfür gibt es zahlreiche Bücher und im Internet gibt es zahlreiche Tipps und Anleitungen. Dennoch werden die wichtigsten Fakten zusammengestellt:

- Die Preise für digitale Videokameras sind in den letzten Jahren drastisch gesunken. Gute Einsteigermodelle erhält man schon für 100 Euro. Nach oben gibt es preislich kaum Grenzen. Es kommt eben auf die Ansprüche an. Eine hochwertige Videokamera in HD Qualität kann auch mehrere Tausend Euro kosten.

- Nur eine gute Kamera zu besitzen wird leider noch nicht dazu reichen, tolle Videos zu produzieren. Ein wenig Übung und Kenntnisse über die Belichtung und Filmtechnik sind ebenfalls erforderlich. Hierfür finden Sie zahlreiche Bücher in jeder Buchhandlung sowie bei Online Buchhändlern wie www.amazon.de Im Internet finden Sie ebenfalls zahlreiche Tipps, vor allem in Blogs oder Foren.

- Ein wichtiger Faktor ist die Tonqualität. Diese ist bei vielen Kameras im unterem Preissegment nicht besonders gut. Abhilfe können Sie mit Speziellen Mikrofonen wie z.B. einem Clip-On Mikrofon schaffen. Eine gute Übersicht finden Sie auch bei Testberichte.de

- Je nach Zweck werden Sie vielleicht die ganze Filmarbeit nicht alleine bewältigen können. Hier ist ein Freund oder Assistent hilfreich, oder eben spezielles Zubehör wie Fernauslöser.

- Wenn Sie ein Video professionell bearbeiten möchten, werden Sie mit einem kostenlosen Programm wie den Windows Movie Maker schnell an Grenzen stoßen. Denn diese Software ist eher für grundlegende, einfache Aufgaben geeignet. Für vielfältige Möglichkeiten und professionelle Effekte gibt es zahlreiche kostenpflichtige Programme wie Adobe Premiere , Magix Video Deluxe, Pinnacle Studio oder Sony Vegas Pro

Die meisten Programme können als kostenlose Testversionen heruntergeladen werden. Dies wäre auch zu empfehlen, da einige Programme mehrere Hundert Euro kosten. Mit Programmen wie Adobe Premiere werden auch professionelle Film- und TV Produktionen bearbeitet. Sie können sich vorstellen, welche Qualität Sie mit solchen Programmen erreichen können.

Kostenlose Alternativen gibt es auch als reine Internet Anwendungen. Sie müssen bis auf den Flash Player keine Software auf Ihrem Rechner installieren.

Online Anwendungen

Mit JayCut können Sie die eigenen Videos direkt im Browser schneiden, mit einigen Effekten versehen oder Text einfügen. Zum Ausprobieren bietet das schwedische Unternehmen den Video-Editor ohne Anmeldung an. Sofern Sie jedoch die fertig geschnittenen Videos speichern oder veröffentlichen möchten, müssen sich kostenlos registrieren.

Abb.014 JayCut

Einen ähnlichen Service bietet Animoto. Einfache Bedienung und zahlreiche Effekte haben diesen Service populär gemacht. Dieser englischsprachige Anbieter ist jedoch nicht kostenlos. Zwar können Sie ohne Kosten ein 30 Sekunden Video erstellen, welches jedoch nicht gewerblich genutzt werden darf.

Die Tarife und Funktionen können Sie unter folgendem Link einsehen: http://animoto.com/pricing

Stock Videos

Stock Videos sind lizenzfreie Videoclips welche Sie fertig erwerben können. Diese finden Sie z.B. auf istockphoto.com zu nahezu jedem Thema. Das können z.B. Naturaufnahmen, oder Computer-Effekte wie z.B. hier. Der Vorteil ist, Sie müssen selbst keinen Film mit einer Kamera erstellen. Diesen Clip können Sie mit einer Videobearbeitungssoftware für Ihre Zwecke anpassen.

Die Videoclips sind leider nicht ganz billig. So ein Clip kostet je nach Länge und Auflösung schnell mal 20 Dollar.

Dies ist wiederum gemessen zum Aufwand und nötigem Equipment auch nicht zu teuer. Die Nutzungsrechte sind jedoch nicht exklusiv. Die gleichen Clips werden auch von anderen genutzt.

Dienstleister für Videoproduktion

Für die Videoerstellung können Sie auch dafür spezialisierte Dienstleister beauftragen, wenn es Ihnen doch zu aufwendig ist, dies selbst zu tun. Hierfür können Sie am besten nach „Videoproduktion" googeln. Hier werden Sie auf unterschiedliche Qualität und Preise stoßen. Hier sollten Sie nur Aufträge vergeben, wenn Sie überzeugende Referenzen gesehen haben.

Eine günstige Möglichkeit ist, Eine Anzeige für einen Auftrag in Portale wie MyHammer.de aufzugeben. Hier legen Sie einen maximalen Preis fest und die Bewerber können sich im Preis gegenseitig unterbieten. Den Zuschlag können Sie entweder an den Günstigsten Anbieter oder eben an einen solchen, welcher Sie (z.B. durch gute Referenzen oder Bewertungen) am meisten Überzeugt.

Solche Aufträge können Sie auch in Portalen wie www.freelance.de oder www.freelancermap.de vergeben, oder Sie googeln nach „Freelancer Videoproduktion".

Videoportale

Okay, angenommen Sie haben Ihr erstes Video fertiggestellt, dann möchten Sie es sicher im Internet veröffentlichen. Dieses könnten Sie auf Ihrer Webseite oder einem Videoportal wie Youtube tun. Fangen wir zunächst mit Videoportalen an

YouTube

YouTube ist die absolute Nummer 1 unter den Videoportalen. Die Plattform gehört zu den vier am meisten besuchten Webseiten der Welt! Täglich werden über 150.000 Videos hochgeladen.

So mancher Clip hat es quasi über Nacht zu Weltruhm gebracht. Manche Videos verbreiten sich sehr schnell „viral", vor allem wenn sie schockierend oder besonders lustig sind. Solche Videos werden über Email, in Blogs, Foren, Facebook und Twitter rasend schnell weiterverbreitet. Nicht wenige Videos schaffen es sogar bis in die Nachrichtensendungen von Fernsehsendern. Das soll jetzt aber nicht bedeuten, dass Sie ebenfalls ein spektakuläres Video erstellen müssen. Hier möchte ich nur verdeutlichen welche Macht und Auswirkungen dieses Medium haben kann.

Der besondere Vorteil von Youtube ist, dass Sie dort für Ihre Videos einen sogenannten „Channel", was so viel bedeutet wie ein Kanal, anlegen können. Besucher können Ihren Channel abonnieren und werden so immer informiert, wenn Sie ein neues Video veröffentlicht haben.

Weitere Videoportale

Zweifellos ist YouTube die Nummer 1 unter den Videoportalen. Es gibt mittlerweile zahlreiche andere Portale, die zwar lange nicht an die Größe und Popularität von YouTube herankommen, aber dennoch empfehlenswert sind. Kleinere Portale bedeuten auch weniger Konkurrenz. Diese eigenen sich hervorragend um Links auf Ihre Webseite zu erhalten und das kann wiederum viele Besucher bringen.

Hier ist eine Liste von weiteren populären Videoportalen:

Clipfish	http://www.clipfish.de
MyVideo	http://www.myvideo.de
Viddler	http://www.viddler.com/
Vimeo	http://vimeo.com/
Metacafe	http://www.metacafe.com/
Daily Motion	http://www.dailymotion.com/de
MSN Video	http://video.de.msn.com/
Veoh	http://www.veoh.com/
Yahoo Video	http://de.video.yahoo.com/
Myspace	http://www.myspace.com/video
Revver	http://www.revver.com
BoFunk	http://www.bofunk.com
Ecorp TV	http://www.ecorptv.com
esnips	http://www.esnips.com
iVIEWTUBE	http://www.iviewtube.com
LiveVideo	http://www.livevideo.com
MEGAVIDEO	http://www.megavideo.com
photobucket	http://www.photobucket.com
veoh	http://www.veoh.com
LiveVideo	http://www.vidilife.com

Videocounter.com

Die effektivste Methode ist, Ihr Video auf ALLEN oben genannten Portalen hochzuladen! Das garantiert Ihnen ein Maximum an Links und Besucher auf Ihrer Webseite. Vielleicht denken Sie jetzt, dass es sehr viel Arbeit ist, das Video auf allen Plattformen einzustellen. Nicht mit videocounter.com!

Bei Videocounter.com können Sie ein Video gleichzeitig auf mehreren Portalen veröffentlichen. Zudem erhalten Sie auch noch Statistiken zu Ihren Videos. VideoCounter bietet einen Leitfaden zur Nutzung von Onlinevideos als Marketinginstrument, wo alles genau erklärt wird!

Videos auf der eigenen Webseite oder Blog

Die gängigste Praxis und einfachste Möglichkeit ist ein Video zunächst auf YouTube hochzuladen. Das auf YouTube veröffentlichte Video können Sie dann ganz leicht in Ihre Homepage einbinden. Unter jedem Video gibt es ein Button „Weiterleiten" Dann wird die URL des Videos angezeigt. Wenn Sie auf den Button „Einbetten" klicken, bekommen Sie einen Quelltext angezeigt, welche dem Quelltext Ihrer Webseite hinzugefügt werden muss.

Wenn Sie auf einen grauen Kasten mit einem vorgegebenem Format klicken, ändert sich der Quelltext. Sie können auch ein individuelles Format eingeben.

Auf der folgenden Grafik sehen Sie genau welche Schritte Sie unternehmen müssen

Abb.015 YouTube Video einbetten. Diese Vorgehensweise ist auf anderen Portalen ähnlich

Ein Vorteil ist, dass das Video vom YouTube-Server geladen wird und nicht von dem Ihrer Webseite. Das ist insbesondere dann nützlich, wenn Sie viele Seitenaufrufe haben und Ihr Provider keine sogenannte Traffic-Flatrate anbietet.

Der Nachteil ist, dass fast von jedem Portal automatisch das Logo als Wasserzeichen in das Video eingefügt wird. Dies ist nicht immer erwünscht. Für diesen Fall müssen Sie mit spezieller Software selbst ein Flash Video erstellen und auf den Server Ihrer Homepage hochladen.

Ein sehr einfaches Programm ist der AVS Video Converter Das Programm (auch in deutscher Sprache) können Sie als 1-Jahres-Abo zum Preis von 39$ erhalten.

Eine kostenlose Alternative ist das englischsprachige Programm JW Player Mit diesem Programm können Sie ganz leicht einen personalisierten Flash-Player erstellen und in Ihre Webseite einbinden. Das Programm bietet zahlreiche Features. Sie können z.B. Ihr eigenes Logo als Wasserzeichen einbinden und den Player mit zahlreichen Plugins erweitern. Sie können sogar Google Adsense Anzeigen in die Videos einbinden.

Oft wird bei hohen Zugriffszahlen einer Webseite die genutzte Bandbreite, also der Traffic unterschätzt. Viele Provider bieten zwar eine Traffic-Flatrate an, aber oft nur unter der Bedingung „Fair Use", was so viel bedeutet, man sollte es nicht übertreiben. Wenn Sie z.B. „Shared Hosting" nutzen, dann teilen Sie einen Server oft mit vielen hundert anderen Webseitenbetreibern. Hat eine Webseite über längere Zeit übermäßiges Besucheraufkommen, also Traffic, dann kann so ein Server auch schnell in die Knie gehen und die anderen Webseiten sind dann auch nicht erreichbar.

Ein solches Szenario ist bei sehr billigen Providern mit einer Traffic-Flatrate typisch. Nicht selten wird dann der Account gesperrt.

Hier sollten Sie also nicht unbedingt den aller billigsten Provider nehmen.

Gute Infos über Provider finden Sie unter www.webhostlist.de

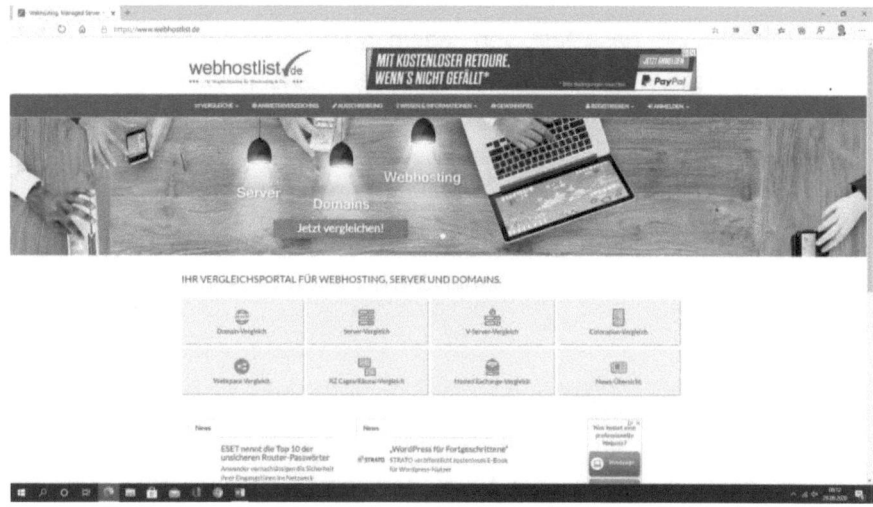

Suchmaschinenoptimierung für Videos

Das beste Video nützt nur wenig, wenn es niemand findet. Auch für Videos gibt es Maßnahmen, damit diese besser von den Suchmaschinen gefunden werden. Suchmaschinenoptimierung für Videos ist nicht wirklich schwierig. Wenn Sie z.B. bei Youtube ein Video hochladen, müssen Sie immer eine Überschrift, bzw. Titel eingeben. Die Überschrift sollte unbedingt die Suchworte enthalten, unter denen Sie gefunden werden möchten.

Die folgende Grafik zeigt ein Ergebnis bei Google unter dem Suchwort „besser verkaufen" Dieses Suchwort kommt in der Überschrift des YouTube Videos vor und wird deshalb von Google als sehr relevant angesehen

Abb.016 Google-Ergebnis

Neben der Überschrift können Sie zum Video auch eine Beschreibung einfügen. Die wichtigsten Suchbegriffe sollten Sie möglichst am Anfang der Beschreibung einsetzen. Dies gilt auch für die Überschrift. Suchbegriffe welche am Anfang stehen, werden stärker von Suchmaschinen gewichtet.

Eine Überschrift sollte aussagekräftig sein und den Besucher zum Klicken animieren.

Genau wie auf normale Webseiten, sollten Sie auf Ihre Videos möglichst viele Backlinks setzen. Eine schnelle und kostenlose Möglichkeit sind Social Bookmark Portale wie z.B. Mister Wong, Oneview.de oder Favoriten.de

Eine große Liste mit Social-Bookmark-Portalen finden Sie unter Konzept-Welt.de

Links von anderen Webseiten und Blogs wirken sich auch positiv auf das Suchmaschinenranking aus.

Was viele nicht wissen, ist dass jeder YouTube Kanal einen RSS Feed besitzt, in dem die Videos samt Beschreibung aufgelistet werden.

Falls Sie gar nicht wissen, was RSS Feeds sind, empfehle ich den Beitrag in Wikipedia zu lesen.

Diesen RSS-Feed können Sie jetzt in zahlreiche RSS-Verzeichnisse anmelden. Dadurch erreichen die Videos eine viel schnellere Verbreitung im Internet und so natürlich Aufrufe und Traffic auf die eigenen Webseiten und Blogs.

Ein RSS-Youtube-Feed sieht wie folgt aus:

http://www.youtube.com/rss/user/YOUTUBE-NUTZER/videos.rss

Für „YOUTUBE-NUTZER" setzen Sie einfach Ihren YouTube-Nutzernamen ein.

RSS Verzeichnisse gibt es mittlerweile sehr viele. Sie müssen nur nach „RSS Verzeichnis" googeln.

Hier eine Auflistung:

http://www.rss-portal-script.com

http://www.rss-eintragen.de

http://www.rss-jack.de

http://www.rss-verzeichnis.de

http://www.all4rss.com

http://www.gorss.de

http://www.freshfeeds.de

http://www.rss-world.de

http://www.rss-info.net

http://www.rss-verzeichnis.biz

http://www.info-rss.de

http://www.seo-rss.de

http://www.web-feed.de

http://www.rss-portal.biz

http://www.rssfeed-optimierung.de

http://www.tagz4me.de

http://www.rss-anzeigen.de

http://www.feed-spider.de

http://www.rss-archiv.com

http://www.free-rss.de

http://www.rssfeed-eintragen.de

http://www.quiteso.at

http://www.rss-agent.at

http://www.rss-tipp.de

http://www.4rss.de

http://rss-easy.de

http://www.rss-suche.eu

http://www.rss-feed-world.de

http://www.rss-news.org

http://www.rss-anmelden.de

http://www.feed-portal.com

Was Sie sonst noch beachten sollten:

Entscheidende Faktoren für ein gutes Ranking Ihres Videos sind die Anzahl der Aufrufe (Diese wird unter jedem Video angezeigt), Kommentare und Bewertungen. Wenn Sie eine Liste mit Newsletter Empfängern besitzen, sollten Sie die Empfänger bei jedem neuem Video informieren. Bitten Sie die Besucher immer darum, ein Kommentar oder Bewertung abzugeben wenn ihnen das Video gefallen hat. Tests haben ergeben, dass dadurch viel mehr Kommentare abgegeben werden, als ohne eine Bitte oder Aufforderung.

Links von Social-Media-Portalen wie Facebook oder Twitter werden zwar für das Ranking in Google nicht gewertet. Diese können aber eine Menge Besucher bringen.

Video-Marketing-Tipps

Abschließend erhalten Sie noch einige Tipps und Tricks für erfolgreiches Video Marketing:

- Ihr Video sollte immer auf die gewünschte Zielgruppe ausgerichtet werden. So wie es keinen Sinn macht in einem Blog zum Thema Abnehmen einen Beitrag über Computerspiele zu veröffentlichen, sollten Sie es mit Videos auch nicht tun.

- Achten Sie auf die Inhaltliche Qualität der Videos. Sinnlose Videoclips mögen vielleicht helfen, das Ranking in Suchmaschinen zu erhöhen, aber diese werden Ihnen kaum Besucher oder Umsätze bescheren.

- Versuchen Sie reißerische Überschriften einzusetzen. Anstatt zum Beispiel zu schreiben: „Wie ich es geschafft habe abzunehmen" schreiben Sie besser „So nahm ich 11 Kilo in 2 Monaten mit dieser revolutionären Methode ab!"

Zahlen haben immer eine überzeugende Wirkung. Die Aussagen sollten wahrheitsgemäß sein, denn im Zeitalter von Facebook und Social-Network, könnte das schnell für negatives Feedback sorgen.

- Wenn Sie ein Video mit einer Anleitung erstellen, gestalten Sie es so, dass im Zuschauer der Wunsch erweckt wird, mehr zu erfahren. Eine gute Taktik ist, z.B. zu erzählen was man tun sollte, jedoch nicht WIE man es tun sollte. Wer erfahren möchte, WIE es funktioniert, muss Ihre Homepage besuchen und sich z.B. im Newsletter eintragen oder das Produkt kaufen.

- Videos sind mittlerweile beliebter als EBooks. Falls Sie Informationsprodukte verkaufen, sollten Sie möglichst die Informationen als Videos anbieten. Das EBook ist dann immer noch als Nachschlagewerk oder Zusammenfassung immer noch eine gute Ergänzung.

- Schreiben Sie auf, was Sie sagen möchten. Leider gibt es sehr viele Videos bei den die Sprecher oft lange überlegen was sie sagen wollen, oder sie finden im Moment nicht den passenden Ausdruck. Das kann den Zuschauer ziemlich nerven und langweilen.

- Wenn Sie als Sprecher in Ihrem Video auftreten, sollten Sie versuchen, Ihre Persönlichkeit einzubringen. Dies gilt vor allem, wenn Sie sich nicht Filmen und nur Ihre Stimme zu hören ist. Viele Sprecher klingen ziemlich gelangweilt und so als würden sie diese Arbeit nur widerwillig verrichten.   Wenn Sie bei Zuschauern Begeisterung auslösen möchten, müssen Sie selbst begeistert und enthusiastisch klingen.

- Nutzen Sie Videos um sich selbst als Markenzeichen zu etablieren. So werden Sie für die Zuschauer vertraut wirken. Sie werden besser in Erinnerung behalten und Ihre Webseite wird öfter besucht werden.

Schlusswort

Ich hoffe, dieser Leitfaden hat Ihnen gefallen und der Einstieg fällt Ihnen damit leichter. Denken Sie daran, dass Video-Marketing genauso wie andere Formen des Internet-Marketings etwas Zeit und Arbeit benötigen, bis sich der Erfolg einstellt.

Kein Meister ist vom Himmel gefallen. Es ist kein Weltuntergang, wenn das erste Video nicht perfekt ist, denn das sind die wenigsten Videos im Web. Sie werden automatisch besser werden, wenn Sie mehrere Videos erstellt haben.

Schauen Sie sich möglichst viele Videos von anderen Vermarkter an und besuchen Sie deren Webseiten. Die erfolgreichen Videos und Webseiten haben viele Zugriffe, viele Facebook Freunde, Twitter Follower, etc.

Ich wünsche Ihnen viel Erfolg mit Ihren Videos.

Über den Autor

Jörg Willems (*1964) in Geldern, Kreis Kleve geboren, wuchs in Geldern-Veert auf und kehrte 2004 nach einer "Rundreise" durch die Bundesrepublik Deutschland zurück nach Geldern. Er hat Ausbildungen im kaufmännischen Bereich, in der Krankenpflege, sowie im Rettungs- und Sicherheitsdienst und im Verlagswesen. Des Weiteren ist er auch IHK-geprüfter Ausbilder für kaufmännische und sicherheitsrelevante Berufe.

Bisher fungierte er bei mehr als 30 Fachbüchern in der Krankenpflege und im Rettungsdienst als Allein-Herausgeber und seit 2009 als Co-Herausgeber und Fachbuchautor im Rettungsdienstbereich des Elsevier-Verlages und JÖWI-Verlages.

Die eigene Ratgeberserie "JÖWI´s-Express-Ratgeber" wird seit 2016 regelmässig ergänzt und ist jetzt bei BoD in Verlag genommen worden.

Im Frühjahr 2021 folgt die Veröffentlichung eines überarbeiteten Nachdrucks der "Verlags-Fibel" aus dem JÖWI-Verlag bei BoD.

Jörg Willems ist Mitglied des Deutschen Fachjournalisten-Verbandes und der European-Press-Association, u.a. in den Fachbereichen Rettungsdienst und Krankenpflege, sowie Presse- und Verlagswesen.